www.ingramcontent.com/pod-product-compliance
Lightning Source LLC
Chambersburg PA
CBHW070430220526
45466CB00004B/1615
* 9 7 8 1 6 9 8 9 9 9 9 6 8 *